Mon pays

Roi de Roumanie, époux de Ferdinand Ier,

reine Marie

Writat

Cette édition parue en 2024

ISBN : 9789359948515

Publié par
Writat
email : info@writat.com

MON PAYS

La reine d'un petit pays !

Ceux qui sont habitués à voir les dirigeants de grands pays ne comprennent pas vraiment ce que cela signifie.

Cela signifie du travail, de l'anxiété et de l'espoir, et de grands efforts pour de petits résultats. Mais le champ est vaste et, si le cœur le veut, l'œuvre est grande.

Quand j'étais jeune, je pensais que tout fonctionnait, un travail difficile ; mais les années qui ont passé ont apporté une autre connaissance, une connaissance bénie, et maintenant je sais.

C'est un petit pays, un nouveau pays, mais c'est un pays que j'aime. Je veux que les autres l'aiment aussi ; écoutez donc quelques mots à ce sujet. Laissez-moi peindre quelques tableaux, dessiner quelques croquis tels que je les ai vus, d'abord avec mes yeux, ensuite avec mon cœur.

*

* — *

Autrefois, j'étais étranger à ce peuple ; maintenant, je suis l'un d'eux et, comme je venais de si loin, j'ai pu mieux les voir avec leurs qualités et leurs défauts.

Leur pays est un pays fertile, un pays de vastes plaines, de blé ondulant, de forêts profondes, de montagnes rocheuses, de rivières qui au printemps sont tumultueuses avec des eaux écumantes, qui en été ne sont que des ruisseaux lents perdus parmi les pierres. Un pays où les paysans travaillent sous des soleils brûlants, un pays épargné par la misère des manufactures, un pays des extrêmes où les hivers sont glacials et les étés brûlants.

Un trait d'union entre l'Orient et l'Occident.

Au début, c'était un pays étranger, avec ses routes trop poussiéreuses, ses plaines trop interminables. J'ai dû apprendre à voir ses beautés, à ressentir ses besoins avec mon cœur.

Peu à peu, l'étrangère est devenue l'une d'entre elles, et maintenant elle aimerait que son pays natal voie cet autre pays à travers les yeux de sa Reine.

Oui, petit à petit j'ai appris à comprendre ce peuple, et petit à petit il a appris à me comprendre.

Maintenant, nous nous faisons confiance et ainsi, si Dieu le veut, nous irons ensemble vers un avenir meilleur !

Mon amour de la liberté et des vastes horizons, mon amour du grand air et des sentiers inexplorés m'ont amené à bien des découvertes. Seul, je chevauchais pendant des heures pour atteindre un village abandonné, pour voir une église en ruine se dressant parmi ses croix rustiques au bord d'une rivière, ou pour me trouver à un certain endroit au coucher du soleil où le ciel et la terre étaient trempés de rouge flamboyant.

Oh! les couchers de soleil roumains, comme ils sont merveilleux !

6A

"LES TOITS DE CHAUME SONT REMPLACES PAR DES TOITS DE BARDEAUX QUI BRILLENT AU SOLEIL" (p. 13).

6B

"LES VILLAGES DE MONTAGNE SONT TRÈS DIFFÉRENTS DE CEUX DE PLAINE. LES CHALETS SONT MOINS MISERABLES" (p. 13).

7A

"BEAUCOUP D'ACCUEIL M'A ÉTÉ RÉSERVÉ DANS CES PETITS VILLAGES" (p. 13).

"BÂTIMENTS CARRÉS ET HAUTS AVEC UNE GALERIE OUVERTE AUTOUR DU SOMMET" (p. 21).

Une fois, je rentrais lentement chez moi.

La journée avait été torride, l'air était lourd de poussière. Dans des océans d'or bruni, les champs de maïs s'étendaient devant moi. Aucun souffle de vent n'effaçait leur maturité ; ils semblaient attendre l'heure des vendanges, fiers d'être la richesse du terroir.

A perte de vue, des champs de maïs, des champs de maïs, s'amenuisant vers l'horizon en une ligne de vapeur. Une brume bleue recouvrait le monde, et avec elle une odeur de rosée et de graines mûrissantes s'élevait lentement du sol.

Au bout du chemin se dressait un puits, sa longue perche tel un doigt géant pointé éternellement vers le ciel. A côté, une vieille croix de pierre penchée d'un côté comme fatiguée, une croix érigée avec le puits en souvenir d'un mort.

La paix m'enveloppait : mon cheval ne faisait aucun mouvement, il était également sous le charme du soir.

De loin, un troupeau de buffles s'avançait lentement vers moi par la longue route droite : un disgracieux cortège de bêtes qui aurait pu appartenir aux temps antédiluviens.

Un à un, ils avançaient, couverts de boue, patients, balançant leurs corps laids, portant avec raideur leurs têtes lourdement cornues, leurs yeux vides ne regardant rien, bien que çà et là, le visage levé, ils semblaient chercher quelque chose dans le ciel.

Sous leurs sabots s'élevaient des nuages de poussière accompagnant chacune de leurs foulées. Le soleil couchant l'a saisi, le transformant en fumée ardente. C'était comme un voile de lumière s'étendant sur ces bêtes de somme, un rayonnement glorieux avançant avec elles vers leur repos.

Je restais immobile et je les regardais passer un à un. Et ce soir-là, un rideau semblait avoir été tiré sur bien des mystères. J'avais compris le sens de la plaine vaste et fertile.

*

* — *

Cela fait maintenant vingt-trois ans que je passe dans ce pays, chaque jour apportant sa joie ou sa tristesse, sa lumière ou son ombre ; avec chaque année, mes intérêts se sont élargis, ma compréhension s'est approfondie ; Je savais où j'étais nécessaire pour aider.

Je ne vais pas parler des institutions de mon pays, de sa politique, de noms connus dans le monde. D'autres l'ont fait plus intelligemment que moi. Je veux seulement parler de son âme, de son atmosphère, de ses paysans et de ses soldats, des choses qui m'ont fait aimer ce pays, qui ont fait battre mon cœur avec son cœur.

J'ai évolué parmi les plus humbles. Je suis entré dans leurs chaumières, je leur ai posé des questions, j'ai pris leur nouveau-né dans mes bras.

Je parlais leur langue maladroitement, faisant bien des erreurs ; mais, bien qu'étranger, je n'ai rencontré nulle part parmi les paysans de la méfiance ou des soupçons. Ils étaient prêts à converser avec moi, prêts à me laisser entrer dans leurs chaumières, et surtout prêts à me parler de leurs malheurs. C'est toujours de leurs malheurs que les pauvres ont à raconter, mais ceux-ci le faisaient avec une dignité singulière, parlant de la mort et de la misère avec une résignation stoïque, comptant les tombes de leurs enfants comme un autre compterait les arbres plantés autour de sa maison.

Ils sont pauvres, ils sont ignorants, ces paysans. Ils sont négligés et superstitieux, mais il y a une grande noblesse dans leur race. Ils sont économes et sobres, leurs besoins sont peu nombreux, leurs désirs limités ; mais un grand rêve que chacun caresse au fond de son cœur : il veut être propriétaire, posséder la terre qu'il cultive ; il souhaite l'appeler le sien. C'est ce qu'ils m'ont tous dit ; c'était le refrain monotone de tous leurs discours.

*

* — *

Quand j'ai vu pour la première fois un village roumain, avec ses petites cabanes cachées parmi les arbres, seuls endroits verts sur les immenses plaines, j'avais peine à croire que des familles puissent habiter des maisons aussi petites.

Elles ressemblaient aux maisons que nous dessinions quand nous étions enfants, avec une porte au milieu, une petite fenêtre de chaque côté et de la fumée s'échappant quelque part du toit au toit de chaume épais. Souvent ces toits semblent trop lourds pour les chaumières ; ils semblent les écraser, et les portes grandes ouvertes leur donnent l'impression qu'ils crient à l'aide.

Le soir, les femmes s'assoient avec leurs quenouilles sur le seuil des portes, tandis que les troupeaux rentrent chez eux en piétinant dans la poussière et que les chiens aboient furieusement, remplissant l'air de leurs clameurs.

Nulle part je n'ai vu autant de chiens que dans un village roumain : une épreuve douloureuse pour le cavalier sur un cheval fringant.

Toute la nuit, les chiens aboient en se répondant. Ils ne sont jamais tranquilles ; c'est un bruit indissociable de la nuit roumaine.

J'ai toujours aimé flâner dans ces villages. Je l'ai fait à chaque saison, et chaque mois a son charme.

Au printemps, ils sont à demi enfouis dans les arbres fruitiers, un océan de fleurs écumeux d'où s'élèvent les toits ronds des cabanes comme de gros nuages gris.

Des poules, des oies et des cochons nouveau-nés gambadent çà et là sur le seuil des portes ; les premières jacinthes et les jonquilles dorées courent en liberté dans les cours en désordre, où des pots aux formes étranges et des chiffons de tapis aux couleurs vives gisent dans un désordre pittoresque.

Au milieu de tout cela, les enfants aux yeux noirs, à moitié nus, rampent en toute liberté.

"C'EST SURTOUT EN DOBRUDJA QUE CES DIFFÉRENTES NATIONALITÉS SE BUTENT ENSEMBLE" (p. 16).

Jamais je n'ai pu comprendre comment des familles aussi nombreuses, sans compter les poules et tant d'amis à quatre pattes, pouvaient trouver place dans les deux petites chambres qui composent ces cabanes.

En hiver, ces villages sont couverts de neige ; chaque cabane est un tas blanc rembourré ; tous les coins sont arrondis pour que chaque chalet ait l'air d'être emballé dans du coton.

Aucun effort n'est fait pour dégager les congères. La neige reste là où elle est tombée ; les petits traîneaux cognent sur ses inégalités, formant des routes ondulées comme une mer agitée !

Le paysan roumain n'est jamais pressé. Le temps ne joue aucun rôle dans son projet de vie. Habitué aux horizons sans limites, il ne compte pas arriver au bout de son chemin en un jour.

En été, les charrettes, en hiver les traîneaux, parcourent ces routes sans fin, lentement, avec résignation, avec une infatigable patience.

Tirés par de petits chevaux maigres, les traîneaux en bois cognent sur la neige inégale, le paysan est assis à moitié caché parmi ses meules de bois, de foin ou de tiges de maïs, selon le fret qu'il transporte d'un endroit à l'autre. Pittoresque dans son rude manteau de peau de mouton, il l'est tout autant en été dans sa chemise blanche et son large chapeau de feutre, allongé avec contentement sur son maïs empilé , tandis que ses bœufs qui souffrent depuis longtemps s'éloignent péniblement, apparemment aussi indifférents que leur maître à la longueur de la route. Ils sont gris pierre, ces bœufs maigres, forts, aux cornes largement déployées ; leurs yeux sont beaux, avec un regard presque humain.

La route roumaine est un élément caractéristique du pays. Il est large, poussiéreux, généralement droit, peu d'arbres ombragent ses bordures ; la plupart du temps, il est mal entretenu. Mais, comme toutes les choses sur lesquelles la civilisation n'a pas encore trop mis la main, elle a un charme indéfini – le charme de l'immensité, quelque chose de rêveur, quelque chose d'infini, quelque chose qui ne doit jamais finir.

Et sur ces routes, les charrettes des paysans rampent les unes après les autres en une file interminable, enveloppées de nuages de poussière. Si la nuit les surprend en chemin, les bœufs sont dételés, les charrettes sont garées au bord du fossé, jusqu'à ce que l'aube se lève leur rappelle qu'il y a encore de nombreux kilomètres jusqu'à leur but.

Quand il pleut, la poussière se transforme en boue ; la route devient alors une rivière de boue !

La Roumanie n'est pas un pays aux couleurs violentes. Il y a une curieuse unité dans ses vastes horizons, ses routes poussiéreuses, ses paysans vêtus de blanc, ses rudes charrettes de bois. Même les bœufs et les chevaux semblent s'être atténués vers le gris ou le brun, de manière à ne plus faire qu'un avec une sorte de flou onirique qui recouvre l'ensemble.

Seuls les couchers de soleil transforment toutes ces teintes sombres en une soudaine merveille de couleur, inondant la terre et le ciel d'un or merveilleux. J'ai vu des meules de foin se transformer en pyramides de feu, des rivières en rubans brûlants, et des visages pâles et fatigués s'éclairer d'une lueur merveilleuse.

Une heure passagère cette heure du coucher du soleil, mais à chaque fois elle éclate en moi comme une promesse éternellement renouvelée envoyée par Dieu d'en haut.

C'est peut-être en hiver et en automne que ces couchers de soleil sont les plus glorieux, quand la terre est fatiguée, quand son année de travail est terminée, ou quand elle dort sous son linceul chatoyant de neige, gardant dans son sein la récolte à venir. .

*

* — *

Les villages de montagne sont très différents de ceux de plaine. Les chaumières sont moins misérables, moins petites, les toits de chaume sont remplacés par des toits de bardeaux qui brillent comme de l'argent au soleil. Les costumes des paysans sont plus riches et plus variés ; les couleurs sont plus vives et souvent un petit jardin fleuri entoure la maison.

L'automne est la saison pour visiter ces villages au milieu des collines ; l'automne, où les arbres sont d'une gloire flamboyante, où l'année mourante envoie un dernier effort de beauté avant d'être vaincue par le gel et la neige.

Bien des accueils chaleureux m'ont été réservés dans ces petits villages, les paysans me recevant les mains fleuries. Au premier signe de ma voiture, des troupes de cavaliers rustiques galopent à ma rencontre, galopant en désordre sur leurs petits chevaux hirsutes, portant des bannières ou des branches fleuries, criant de joie. Ils volent à toute vitesse après ma voiture, soulevant des nuages de poussière. Comme leurs maîtres, les poneys sont fous d'excitation ; tout est bruit, couleur, mouvement ; la joie se déchaîne sur la terre.

Les cloches du village sonnent, leurs voix sont pleines de joie, eux aussi crient la bienvenue. Des foules de femmes et d'enfants gaiement vêtus sortent des maisons, après avoir pillé leurs jardins pour répandre des fleurs aux pieds de leur reine.

L'église se dresse généralement au milieu du village ; ici la souveraine doit descendre de voiture, et, entourée d'une foule enthousiaste et joyeuse, elle est conduite vers le sanctuaire, où le prêtre la reçoit à la porte, la croix à la main.

Partout où elle se déplace, la foule la suit ; il n'y a pas de maladresse, pas de timidité, mais il n'y a pas non plus de bousculade ou d'écrasement. Les paysans roumains restent dignes ; ils sont rarement bruyants dans leur joie. Ils veulent le regarder, le toucher, entendre sa voix ; mais ils ne montrent aucun étonnement et peu de curiosité. La plupart du temps, leur expression reste sérieuse et leurs enfants vous regardent avec des visages graves et des yeux immenses et impressionnants.

Seuls les cavaliers au galop expriment leur joie.

14A

"IL A GARDÉ L'APPARENCE MAGNIFIQUE D'AVOIR ÉTÉ MODÉLISÉ PAR LE POUCE D'UN POTIER" (p. 21).

14B

« FORTERESS PRIMITIVES, DEMI-TOUR, DEMI-MAISON PAYSANNE » (p. 21).

« PLUS RICHES ET PLUS VARIÉS SONT LES COSTUMES DES PAYSANS » (p. 13).

15A

"AVEC UNE GALERIE OUVERTE AUTOUR DU SOMMET FORMÉE DE SOLIDES COLONNES COURTES" (p. 21).

15B

"COMPOSÉE D'UNE DOUBLE COLONNADE.... DERRIÈRE CES COLONNADES SONT LES PETITES CELLULES DES NONNES : MINUSCULES DÔMES, PETITES CHAMBRES" (p. 26).

Il existe parmi les paysans d'étranges coutumes, de curieuses superstitions. La Roumanie étant un pays sec, on a de la chance d'arriver avec de la pluie : c'est l'abondance, la fertilité, l'espoir d'une belle récolte, la richesse.

Parfois, lors de mes déplacements dans les villages, les paysannes mettaient devant leur seuil de grands seaux en bois remplis d'eau ; un récipient plein est un signe de bonne chance. Ils aspergent même de l'eau sous les pieds, toujours à cause de cette étrange superstition, selon laquelle l'eau est abondance, et que, lorsque le grand vient parmi eux, il faut lui rendre honneur de toutes les manières.

J'ai vu de grandes et belles filles sortir de chez elles pour venir à ma rencontre, des jarres débordantes sur la tête ; à mon approche, ils restèrent immobiles, les gouttes éclaboussant leurs visages pour prouver que leurs pichets étaient pleins.

Il est heureux de rencontrer une charrette pleine de maïs ou de paille venant vers soi ; mais un chariot vide est un signe certain de malchance !

Bien des fois, dans les lieux où je suis venu, les habitants se sont rassemblés autour de moi, m'embrassant les mains, le bas de ma robe, tombant pour baiser mes pieds, et plus d'une fois ils m'ont amené leurs enfants, qui faisaient le signe de la Croix devant moi comme si j'avais été la sainte Image dans une église.

Au début, il était difficile d'accepter sans rougir de tels hommages, mais peu à peu je m'habituai à ces manifestations loyales ; mi-humble, mi-fier, j'avançais parmi eux, heureux d'être au milieu d'eux.

*

* — *

Il était impossible de décrire tout ce que j'ai vu, entendu ou ressenti en me déplaçant parmi ces gens simples et chaleureux ; tant d'images vives, tant de scènes touchantes sont restées imprimées dans mon cœur. J'ai erré dans des villages perdus dans des lieux abandonnés, dans des plaines brûlantes ; J'ai grimpé jusqu'à d'humbles petites maisons regroupées à flanc de montagne. Je suis tombé sur de jolis petits endroits cachés parmi des pins géants. Sur des rivages déserts, j'ai découvert d'humbles hameaux où les Turcs habitaient dans une solitude solitaire ; près du large Danube, j'ai erré parmi de petits bourgs habités par des pêcheurs russes, dont le type est si différent de celui du paysan roumain. Au premier coup d'oeil, on reconnaît leur nationalité : de grands géants à la barbe blonde, aux yeux bleus, aux chemises rouges visibles de très loin.

C'est surtout en Dobroudja que ces différentes nationalités se bousculent : outre les Roumains, les Bulgares, les Turcs, les Tartares, les Russes, par endroits même les Allemands, vivent paisiblement côte à côte.

J'ai visité un village de la Dobroudja qui était en partie roumain, en partie russe, en partie allemand, en partie turc. J'allais d'un côté à l'autre, visitant maintes chaumières, entrant dans chaque église, terminant ma tournée dans la petite mosquée rustique tendue de tapis décolorés, et là, parmi une foule de modestes Turcs, j'écoutais leur curieux office, dont je ne comprenais rien. . Une femme qui n'est pas voilée n'a pas le droit d'entrer dans l'enceinte sainte ; mais un nom royal ouvre bien des portes, et bien des règles sévères sont enfreintes dans la joie de recevoir un hôte si inhabituel.

Par une brûlante journée d'été, je suis arrivé dans une petite ville presque entièrement habitée par des Turcs. Je distribuais de l'argent aux pauvres et aux abandonnés et je me déplaçais d'un endroit à l'autre. Maintenant c'était le tour de la population musulmane, c'est pourquoi je visitais les quartiers les plus misérables, les mains remplies de nombreuses pièces de monnaie.

Leur joie fut telle à mon arrivée que le véritable objet de ma visite fut presque oublié. Je me suis retrouvé entouré d'un essaim de femmes excitées, vêtues d'étranges vêtements, bavardant une langue que je ne comprenais pas.

On m'appelait Sultane, et chacun voulait me toucher ; ils ont touché mes vêtements, m'ont tapoté dans le dos, une vieille sorcière m'a même jeté un coup sous le menton. Ils m'entraînaient avec eux de cabane en cabane, de cour en cour. Je me suis retrouvé séparé de mes compagnons, errant dans un monde que je n'avais jamais connu. Dans un labyrinthe de cabanes minuscules en terre, de jardins ridiculement petits, de petites cours cachées, ils m'entraînaient avec eux, me faisaient entrer dans leurs masures, posaient la main sur leurs enfants, m'asseyaient sur leurs tabourets. Comme une nuée de corbeaux, ils bavardaient et se disputaient pour moi, me posant des questions, m'inondant de vœux aimables, auxquels je ne pouvais répondre qu'en haussant les épaules et en souriant.

Les femmes musulmanes les plus pauvres ne sont pas vraiment voilées. Ils portent de larges pantalons de cotonnade, et par-dessus une sorte de manteau qu'ils tiennent sous le nez. La forme de ces manteaux leur donne cette ligne indescriptible, si agréable à l'œil, et qui appartient seule à l'Orient. De plus, les couleurs qu'ils choisissent sont toujours harmonieuses ; en outre, ils sont atténués par le soleil et la poussière. Ils portent d'étranges bleus et mauves ternes — même leurs noirs ne sont pas vraiment noirs, mais ont pris des teintes rouillées qui se mélangent agréablement à l'environnement couleur boue dans lequel ils vivent.

Lorsqu'ils sont habillés pour de longues excursions, leur costume est généralement noir, avec un tissu blanc comme neige sur la tête, enveloppé de telle manière qu'il cache tout le visage, à l'exception des yeux.

D'une indescriptible pittoresque et mystérieuse sont ces silhouettes sombres lorsqu'elles s'approchent de l'un d'elles, effleurant les murs, portant généralement un lourd bâton à la main ; il y a quelque chose de biblique chez eux, quelque chose qui ramène à des temps lointains !

Par cette chaude matinée d'été dont je parle, je parvins à échapper un instant à mes trop aimables assaillants, pour me glisser dans une minuscule cabane dont la porte était grande ouverte.

18A

"UN COUVENT... BLANC ET SOLITAIRE, CACHÉ DANS DES RÉGIONS BOISÉES PLUS VERTES ET PLUS DOUCES QUE TOUT AUTRE DU PAYS" (p. 25).

Irrésistiblement attiré par son ombre mystérieuse, je pénétrai dans la masure faite de boue, me retrouvant dans une obscurité presque totale. Au fond, une petite fenêtre laissait entrer un petit rayon de lumière.

En tâtonnant, je suis tombé sur un grabat de haillons, et sur ce lit de misère, j'ai découvert une vieille, vieille femme, si vieille, si vieille, qu'elle aurait pu exister au temps des fées et des sorcières, des temps qui ne sont plus en contact. avec l'agitation et le bruit d'aujourd'hui.

Penché sur elle, je regardais son visage rétréci, et toutes les légendes de ma jeunesse semblaient surgir devant moi, toutes les histoires que j'avais écoutées, enfant, envoûtées, des histoires qu'on n'oublie jamais....

Au-dessus d'elle, suspendu à un clou rouillé à portée de sa main, se trouvait un pot en terre cuite noire aux formes curieuses. Tout autour de cette vieille sorcière était de la couleur de la terre : son visage, sa demeure, les haillons qui la couvraient, le sol sur lequel je me tenais. La seule touche de lumière dans cette masure était un agneau blanc, accroupi tranquillement au pied de son lit.

Pressant de l'argent entre ses doigts osseux et tordus, je laissai cet étrange vieux mortel à son compagnon enneigé, et, revenant au soleil, j'eus la sensation que, l'espace d'un instant, il m'avait été donné de traverser des âges innombrables jusqu'aux jours de autrefois.

Dès la nuit des temps, la Roumanie fut une terre soumise aux invasions. Les maîtres tyranniques les uns après les autres imposèrent des mains lourdes à leur peuple ; il avait l'habitude d'être dominé, écrasé, maltraité. On lui a rarement permis de s'affirmer, de relever la tête, d'être indépendant, heureux ou libre ; néanmoins, malgré les luttes et l'esclavage, ce n'était pas un peuple voué à disparaître. Il a surmonté toutes les difficultés, a supporté toutes les misères, a enduré toutes les subjugations, ne pouvait pas être écrasé ; mais il en résulte que les Roumains ne sont pas gais.

Leurs chants sont tristes, leurs danses lentes, leurs divertissements sont rarement bruyants, leurs voix sont rarement fortes. Les jours de fête, ils revêtent leurs plus gais atours et, serrés dans la poussière des chemins, ils danseront en groupes ou en larges cercles, inlassablement, pendant plusieurs heures ; mais même alors, ils ne sont pas souvent joyeux ou bruyants, ils sont solennels et dignes, semblant s'amuser modestement, sans passion, sans hâte.

Leurs chants d'amour sont de longues plaintes ; les airs qu'ils jouent sur leurs flûtes gémissent sans fin leur désir et leur désir qui semblent rester éternellement insatisfaits, ne contenir aucun espoir, aucun accomplissement.

Pour la même raison, il existe peu de maisons très anciennes ; il ne reste pratiquement aucun château ou grand monument du passé. À quoi bon construire de belles habitations si un jour l'ennemi pouvait balayer le pays et tout brûler ?

De ces époques d'invasion ont été conservées de ces époques d'invasion une ou deux constructions anciennes étranges : des bâtiments carrés et hauts, avec une galerie ouverte autour du sommet formée par de grosses colonnes courtes, et çà et là, dans l'immense épaisseur des murs, de minuscules fenêtres comme des regards. sorties. Forteresses primitives, moitié tour, moitié maison de paysan, elles sont généralement quelque peu isolées et ne ressemblent à rien de ce que j'ai vu ailleurs.

J'ai vécu dans une de ces étranges maisons. La galerie, qui était autrefois un contrefort, avait été transformée en balcon, et d'entre les piliers trapus on avait une belle vue sur la colline et la plaine. Les pièces en dessous étaient petites, basses, irrégulières, derrière de grands murs épais ; un escalier en bois, aussi raide qu'une échelle, conduisait à ces chambres.

Tant à l'extérieur qu'à l'intérieur, le bâtiment était blanchi à la chaux, et sa construction était si primitive qu'il avait gardé l'aspect délicieux d'avoir été modelé par le pouce d'un potier. Il n'y avait pas d'angles vifs, mais quelque chose d'arrondi et d'inégal dans ses coins qu'aucune habitation moderne ne peut posséder. Le tout était couronné d'un large toit de bardeaux gris avec des lumières d'argent.

Mais ce sont surtout les anciens couvents et monastères de ce pays qui ont gardé les trésors du passé.

Dès le début, ces lieux de beauté isolés m'ont attiré plus que toute autre chose ; indescriptible est le charme qu'ils me jettent, presque inexplicable le délice dont ils remplissent mon âme !

Comme dans de nombreux autres pays, les moines et moniales roumains savaient choisir les endroits les plus enchanteurs pour leurs maisons de paix.

J'ai erré de l'un à l'autre, découvrant de nombreux trésors cachés, visitant les plus riches et les plus pauvres, ceux d'accès facile et ceux cachés dans les vallées des montagnes, où le pied du voyageur ne s'égare que rarement.

Je ne parvenais à en atteindre certains qu'à cheval, après avoir gravi monts et par vaux, gravir ou descendre des cols pierreux, suivis par des troupes de paysans vêtus de blanc, montés sur des poneys hirsutes et échevelés, au pied sûr comme des chèvres de montagne.

Un jour, au crépuscule, après une journée entière à parcourir les montagnes, je tombai tout à coup sur un de ces sanctuaires lointains, blanchis à la chaux, étrangement pittoresques, à demi cachés parmi les pins et les hêtres vénérables, aux troncs géants soudain transformés en pierre... des géants qui, dans leur dernière agonie, se tordent les bras dans un désespoir inutile.

A mon approche, les cloches se mirent à sonner, leurs voix claires et stridentes proclamant leur joie au ciel.

J'ai franchi le portail couvert et pénétré dans la cour murée. Avant que je puisse descendre de cheval, j'étais entouré d'une nuée sombre de religieuses faisant d'humbles gestes de salutation, se signant, tombant à genoux et appuyant leur front contre les pierres au sol, saisissant mes mains ou une partie de mon vêtement, ce qui ils s'embrassèrent, tandis qu'ils pleuraient et murmuraient, marmonnant maintes prières.

22A

"CE PORCHE EST DÉCORÉ PARTOUT DE FRESQUES" (p. 26).

"Certains étaient si vieux, si courbés, qu'ils ne pouvaient plus lever la tête pour regarder le ciel au-dessus" (p. 28).

"D'ÉTRANGES VIEUX MOINES L'ONT HABITÉ" (p. 27).

« DES RECLUS SILENTS, ENTERRES LOIN DU MONDE » (p. 27).

Abasourdi par un tel accueil, je fus saisi sous le coude par la mère abbesse, une vieille femme vénérable et chancelante, dont le visage était brûlé par l'âge comme un champ est sillonné par la charrue.

À moitié me guidant, à moitié s'accrochant à moi pour me soutenir, elle me conduisit vers la porte ouverte de l'église. De temps en temps, elle m'embrassait furtivement sur l'épaule et, dans une sorte d'extase humble, pressait son vieux, vieux visage contre le mien.

Toutes les autres religieuses nous suivaient comme une volée d'oiseaux à plumes noires, leurs voiles sombres ondulant au vent, les cloches sonnant toujours de joie !

Dans le sanctuaire obscur, les cierges allumés étaient comme des nuées de lucioles dans une forêt crépusculaire ; les religieuses se groupaient le long des murs, leurs robes sombres ne faisant plus qu'un avec l'ombre, de sorte que seules se détachaient leurs visages, rendus presque éthérés par la lueur vacillante des bougies.

Ils chantaient – je dirais volontiers que leur chant était beau, mais ce n'était guère la vérité ! Ce n'est pas comme en Russie que les chants dans les églises roumaines sont loin d'être mélodieux : ils bourdonnent par le nez de longs chants souvent répétés, tout sauf harmonieux et qui n'ont apparemment aucune raison de jamais s'arrêter.

Mais d'une manière ou d'une autre, ce soir-là, dans le couvent abandonné des montagnes, loin des habitations des hommes, là, dans la chapelle au dôme bas, remplie de ces personnages vêtus de sable dont les visages sérieux étaient presque angéliques dans la lumière mystique, les sons étranges qui s'élevaient vers le toit n'étaient pas déplacés. Il y avait en eux quelque chose d'ancien, quelque chose d'archaïque, de primitif, en accord avec les peintures et les images quelque peu barbares, quelque chose qui semblait s'être égaré des époques passées pour rejoindre le monde plus occupé d'aujourd'hui.

Plus pompeuses furent les réceptions que je reçus dans les grands monastères.

Ici, tous les moines défilaient à ma rencontre, un cortège d'êtres en robe noire, à longue barbe, d'apparence austère, de visage sombre.

Me prenant par le bras, le Père Supérieur me conduisait solennellement vers l'église gaiement décorée, tandis que de nombreux petits enfants me jetaient des fleurs à mon passage.

Les règles monastiques en Roumanie ne sont pas trop sévères. Les portes du couvent sont ouvertes à tous les visiteurs ; autrefois, c'étaient des maisons de repos pour les voyageurs errant de lieu en lieu.

Les saintes murailles offraient trois jours d'hospitalité à ceux qui passaient par là ; c'était l'ancienne coutume, et maintenant, dans de nombreux endroits, les moines ou les nonnes sont autorisés à louer leurs petites maisons à ceux qui ont besoin d'un repos d'été. Ceci n'est cependant possible que là où les couvents sont de véritables petits villages, où plus ou moins chaque reclus possède sa petite maison.

Il existe deux sortes de couvents dans ce pays : soit un grand bâtiment où tous les moines ou moniales sont réunis sous un même toit, soit une quantité de petites maisons groupées en une grande place autour de l'église centrale.

Les premiers sont à eux seuls intéressants sur le plan architectural, et certains que j'ai visités sont d'une perfection exquise dans leurs proportions et leur forme.

L'un de ces couvents m'attire surtout vers lui, car son charme est irrésistible.

Un couvent... blanc et solitaire, caché dans des régions boisées plus vertes et plus douces que n'importe quel autre du pays. Parfaite est la forme de son église, blanches comme neige les colonnades qui entourent sa cour tranquille. Un charme et un mystère l'enveloppent comme je n'en ai ressenti nulle part ailleurs. Ses sculptures sont sobres, mais une harmonie indescriptible rend ses lignes belles, et une telle paix règne dans les lieux qu'ici j'avais l'impression d'avoir véritablement trouvé la maison du repos....

Chaque fois que j'y vais, les religieuses me reçoivent avec une joie touchante, à moitié étonnées qu'une personne si haute se soucie d'un lieu si simple. J'y vais souvent, chaque fois que je le peux, car il m'a jeté un étrange sortilège, et je dois souvent encore retourner vers ses murs blanchis à la chaux.

L'édifice forme autour de l'église un quadrilatère dont trois côtés sont composés d'une double colonnade superposée, la supérieure formant une galerie ouverte faisant le tour de l'ensemble. Derrière ces colonnades se trouvent les petites cellules des religieuses : de minuscules dômes, de petites chambres, blanchies à la chaux, humbles et immobiles...

L'église est grande, noble de ligne, riche en sculptures, bordée d'un grand porche couvert soutenu par des piliers en pierre richement sculptés. Comme l'intérieur du bâtiment, ce porche est entièrement décoré de fresques, d'une conception naïve, d'un dessin archaïque et harmonieux, la couleur ayant été atténuée par la main du temps.

À l'intérieur, l'église est haute, sombre, mystique, entièrement peinte de saints aux visages étranges, qui vous regardent comme s'ils étaient étonnés d'être dérangés hors de leur silence et de leur paix solitaires.

Entre ces murs se cachent de nombreux trésors : des images anciennes, des pierres tombales croulantes, un paravent merveilleusement sculpté, doré et peint avec un savoir-faire incomparable, toutes les couleurs fanées et mélangées par le maître de tous les arts : le Temps.

Dans les coins sombres, des lampes fortement ciselées, suspendues à des chaînes, jetaient une lumière mystérieuse sur des icônes au cadre d'argent, polies par de nombreux baisers pieux. En vérité, un saint sanctuaire, incitant l'esprit à planer au-dessus des choses de cette terre....

26A

"UNE HARMONIE INDÉCRIBABLE REND SES LIGNES MAGNIFIQUES" (p. 25).

Le quatrième côté du quadrilatère est fermé par un haut mur, avec une porte au centre ouvrant sur un chemin étroit qui mène à un second temple plus petit, aussi parfait dans sa forme que le plus grand bâtiment de la cour intérieure. Ici les religieuses sont enterrées ; un endroit idyllique entouré de murs croulants que des rosiers sauvages, couverts de fleurs délicates, maintiennent ensemble par leurs longs bras épineux. Les croix de bois aux formes étranges qui marquent les tombes se dressent au milieu d'herbes hautes et ondulées et de pommiers vénérables dont l'âge semble s'incliner tendrement vers ceux qui dorment sous le gazon à leurs pieds.

Tout autour : des forêts de hêtres sur des collines basses et vallonnées ; en toile de fond, des montagnes bleues, brumeuses, inaccessibles, formant une barrière contre le monde extérieur...

Un lieu de beauté, un lieu de repos, un lieu de paix....

De nombreux sites de beauté se dressent devant mes yeux lorsque je pense à ces maisons de prière cachées. J'ai visité un nombre incalculable de personnes aux quatre coins du pays et, une fois de plus, je tourne mes pieds vers eux chaque fois que je le peux.

Difficile de dire lesquels sont les plus pittoresques, des couvents ou des monastères ; les deux sont tout aussi intéressants et tout aussi pittoresques.

Je me souviens d'un petit monastère, niché sous les flancs d'une montagne renfrognée, entouré de forêts de pins, sombres et mystérieuses. Le chemin qui y conduisait était tortueux, pierreux, difficile d'accès, mais le lieu lui-même était un petit paradis de tranquillité entouré de prairies, vert et reposant comme un rêve de repos.

D'étranges vieux moines l'habitaient, reclus silencieux, enfouis à l'écart du monde, spectres d'ombre, presque sinistres par leur éloignement, leurs yeux ayant pris celui des habitants des forêts qui n'ont plus l'habitude de regarder dans les yeux des hommes.

Sans bruit, ils me suivaient partout où j'allais, la tête penchée, mais leurs yeux me surveillant sous leurs sourcils hirsutes, leurs mains cachées dans leurs larges manches pendantes ; c'était comme si des ombres sombres suivaient chacun de mes pas.

Je me retournai et regardai leurs visages obscurs : comme ils semblaient lointains ! Qui étaient-ils? Quelle a été leur histoire ? quelle avait été leur enfance, leurs espoirs, leurs amours ? Pour la plupart, je pense, ils n'étaient que des êtres humbles et ignorants, sans idéaux plus larges, sans visions lointaines de choses supérieures. Certains étaient si vieux, si courbés qu'ils ne pouvaient plus lever la tête pour regarder le ciel au-dessus ; leurs longues barbes grises avaient pris l'apparence de lichens poussant sur des arbres tombés.

Mais il y en avait un parmi eux, grand et droit, avec un visage pâle et ascétique de saint. Je ne connais pas son nom, rien de son passé ; mais il avait un visage noble, et il me semblait que je pouvais lire dans ses yeux des rêves qui n'étaient pas seulement les rêves de cette terre.

Je ne peux pas, hélas ! Parlez de tous les couvents que j'ai vus, mais il faut encore en mentionner un, car en effet c'est un petit endroit rare sur la terre.

Cachée à l'entrée d'une caverne, perdue dans la région montagneuse la plus sauvage, se trouve une toute petite église, si petite, si petite qu'il faut pencher la tête pour en franchir le seuil ; il semble que ce soit un jouet, déposé là par une main géante et oublié. Seulement une toute petite chapelle en bois gardée par quelques vieux moines chenus, créatures si vieilles et décrépites qu'elles semblent avoir ramassé de la mousse comme des pierres posées à jamais au même endroit....

Aucune route ne mène à ce sanctuaire ; il faut s'y rendre à pied ou à cheval, à travers les pentes abruptes des montagnes et les rochers escarpés. Là, il repose dans l'entrée sombre de la grotte, solitaire, gris et ancien, comme un secret caché attendant d'être découvert.

Derrière la petite église, le creux s'étend, sombre et tortueux, courant dans une obscurité mystérieuse jusqu'au cœur de la terre. Quand la fin est atteinte, un gargouillis d'eau se fait entendre – une source glacée, qui bouillonne hors de la terre, pure et fraîche comme les sources du jardin d'Eden.

J'ai connu des amants passionnés venant se marier dans cette église, bravant les difficultés de la route, défiant les barrières renfrognées de la nature, pour être liés pour la vie dans ce lieu lointain où les foules ne peuvent se rassembler.

Sur le chemin de cette église, non loin de l'entrée de la grotte, se dresse un petit cimetière solitaire, rempli de croix de bois. Ici, les moines qui ont vécu leur vie solitaire trouvent enfin le repos éternel. Sombres sont ces croix, dressées comme des spectres sur le rocher nu. Les soleils d'été les brûlent, les vents d'automne les battent, et souvent les neiges de l'hiver les font tomber à terre. Mais au printemps, les premiers crocus et les délicates anémones se regroupent autour d'eux, se rassemblant en grappes parfumées autour de leurs pieds.

Il me semble que, malgré sa solitude, il ne serait pas triste d'être enterré dans un tel endroit....

*

* — *

Une fois, je roulais dans la neige fondante. La route que je suivais, comme toutes les routes roumaines, était longue, longue, infiniment longue, s'amenuisant au loin, ne faisant plus qu'un avec le ciel incolore.

C'était un jour de dépression, un jour de dégel, où le monde est au plus mal.

Tout autour de moi, les plaines attendaient quelque chose qui n'est pas venu. Le paysage semblait sans horizon, sans frontières : tout était tristement uniforme, sans vie, sans lumière, sans joie. Le silence régnait sur la terre – silence et repos lugubre.

Les rênes lâches et la tête baissée, mon cheval et moi avons marché péniblement dans la neige fondante. Nous n'allions nulle part en particulier ; une sorte de torpeur d'indifférence nous avait envahis, bien en rapport avec la mélancolie du jour.

Un brouillard humide pendait comme un voile fané sur la terre ; ce n'était pas un brouillard dense, mais ondulait comme de la vapeur.

30A

"UN PETIT CIMETIÈRE SOLITAIRE, REMPLI DE CROIX DE BOIS" (p. 29).

30B

"SUR LES CÔTÉS DE MONTAGNE SOLITAIRES" (p. 29).

30C

"GARDÉ PAR QUELQUES VIEUX MOINES CHENDUS" (p. 29).

30D

"IL Y A UNE PETITE ÉGLISE SOLITAIRE À CÔTÉS DE MONTAGNE" (p. 29).

30E

« GRAND ET DROIT, AU VISAGE PÂLE ET ASCÉTIQUE D'UN SAINT » (p. 28).

30F

"Des créatures si vieilles et décrépites qu'elles semblent avoir rassemblé de la mousse comme des pierres couchées pour toujours au même endroit" (p. 29).

31A

"Lorsqu'on les trouve en tel nombre, ils sont pour la plupart taillés dans du bois" (p. 34).

31B

"CES ÉTRANGES VIEUX CROIX... ILS SE TIENNENT AU BORD DU CHEMIN" (p. 33).

Tout d'un coup, j'ai entendu un son étrange venir vers moi au loin, quelque chose comme je n'en avais jamais entendu auparavant....

Reprenant mes rênes, je restai immobile au bord de la route, me demandant ce que j'allais voir.

Je ne m'attendais vraiment pas à ce cortège qui, tel un rêve étrange, venait vers moi du fond de la brume !

Pataugeant dans la neige fondante, deux petits garçons s'avancèrent, portant entre eux un plat rond en fer blanc sur lequel reposait un gâteau plat ; Derrière eux venait un vieux prêtre portant une croix à la main, vêtu de façon voyante de parures décolorées rouges, dorées et bleues. Son lourd vêtement était tout éclaboussé et sale, ses longs cheveux et sa barbe mal entretenue étaient d'un gris sale, comme la route sur laquelle il marchait. Un vieillard triste, sans autre expression que celle de la misère sur son visage jaune rétréci.

Juste derrière ses talons suivait une charrette en bois grossier tirée par des bœufs dont le nez touchait presque le sol ; leur souffle formait autour de leur tête de petits nuages à travers lesquels leurs yeux brillaient d'une patiente inquiétude.

C'était de ce chariot que montait le son étrange. Qu'est ce que ça pourrait être? Et puis tout d'un coup j'ai compris !

Un cercueil tout simple avait été placé au milieu de la charrette ; autour d'elle se trouvaient un certain nombre de vieilles femmes, gémissant et pleurant, élevant la voix dans un chant lugubre qui résonnait dans l'air comme une lamentation. Leurs cheveux blancs étaient ébouriffés et leurs voiles noirs flottaient autour d'eux comme de fines volutes de fumée.

Derrière la charrette marchaient quatre vieux bohémiens jouant des airs lugubres sur leurs violons grinçants, tandis que les voix de femmes reprenaient le refrain sur un autre ton. Jamais je n'avais entendu chant funèbre plus lugubre, ni bruit plus lugubre. Un groupe de parents, pieds nus, se pressaient derrière les bohémiens, tenant des cierges allumés à la main. Les petites flammes semblaient presque honteuses de brûler si faiblement dans la lumière mélancolique du jour.

Au passage, ces mortels fatigués levaient des visages pâles, me regardant avec des yeux tristes qui n'exprimaient aucun étonnement. A travers la brume sombre, ils apparaissaient comme autant de fantômes, venus de nulle part, se dirigeant vers je ne sais quoi. Comme des ombres, ils passèrent et disparurent ; ... mais à travers le brouillard grandissant, les lamentations revinrent me hanter, curieusement persistantes, comme si le mort de son étroit cercueil appelait à l'aide....

Longtemps après la disparition de cette étrange vision, je regardais la route où les traces de leurs pas étaient restées imprimées sur la neige fondue. N'était-ce qu'une hallucination créée par la mélancolie du jour ?

Alors que je tournais mon cheval, j'ai été confronté à une ombre qui se profilait à une petite distance sur la route. Qu'est ce que ça pourrait être? Était-ce un jour d'apparitions étranges ?

Ce ne fut pas sans peine que je fis approcher mon cheval de cet endroit ; en vérité, je pense que parfois les chevaux voient des fantômes !...

En m'approchant, je m'aperçus que ce qui avait effrayé ma monture n'était qu'une haute croix de pierre. Monumental, moussu et mystérieux, il se dressait tout seul tel un gardien veillant éternellement sur la route. De ses bras tendus, de grosses gouttes tombaient sur le sol comme de lourdes larmes...

La vieille croix pleurait-elle, pleurait-elle parce qu'un bel enterrement avait eu lieu par là ?...

*

* — *

Il faut que je parle un peu de ces vieilles croix étranges que j'ai rencontrées sur tous les chemins, que j'ai rencontrées dans toutes les régions du pays.

Je n'ai pas encore bien compris leur signification, mais je les aime, ils semblent si bien en harmonie avec le caractère un peu mélancolique du pays.

Généralement, ils se tiennent au bord du chemin, parfois dans une solitude majestueuse, parfois en groupes ; tantôt ils sont en pierre étrangement sculptée, tantôt ils sont en bois, grossièrement peints de figures de saints archaïques.

Sans doute ces pieux monuments ont été élevés pour marquer les lieux de quelque événement ; peut-être la mort d'un héros, ou seulement le meurtre d'un voyageur solitaire qui n'était pas destiné à arriver au bout de son chemin...

La plupart du temps, ils se trouvent à côté de puits, portant les noms de ceux qui, ayant pensé aux assoiffés, ont érigé ces points d'eau dans des endroits éloignés.

De forme pittoresque, ils attirent le regard de loin ; le paysan découvre sa tête devant eux en murmurant une prière pour les morts.

Aux carrefours, j'en ai parfois croisé dix à la suite ; lorsqu'on les trouve en si grand nombre, ils sont pour la plupart taillés dans le bois. Leurs formes et leurs dimensions sont variées : certaines sont immensément hautes et solides, couvertes d'étranges toits de bardeaux ; souvent leur dessin est complexe, plusieurs croix, poussant les unes sur les autres, formant un curieux motif, le tout peint dans les couleurs les plus crues que le soleil et la pluie atténuent bientôt en une agréable harmonie.

Protégées par leurs plus grandes compagnes, de nombreuses petites croix se pressent à côté : croix rondes et croix carrées, croix élancées et droites, croix qui semblent humblement se pencher vers le sol....

Sur les routes solitaires, ces témoignages rustiques de foi sont curieusement fascinants. On se demande quels vœux ont été prononcés lorsqu'ils ont été déposés là par des mains pieuses et des cœurs croyants.

Mais ce sont surtout les croix de pierre sculptées qui m'attirent. Je les ai découverts dans toutes sortes d'endroits ; certaines sont d'une rare beauté, couvertes d'inscriptions enchevêtrées dans des dessins merveilleux.

34A

"LA PLUPART ILS SE TIENNENT À CÔTÉ DES PUITS" (p. 34).

Je les ai rencontrés sur des champs nus, au bord de routes poussiéreuses, à la lisière de forêts sombres, sur des flancs de montagnes solitaires. Je les ai trouvés sur des eaux abandonnées au bord de la mer, où les mouettes tournaient autour d'eux en les caressant doucement du bout de leurs ailes.

J'ai parcouru bien des kilomètres pour revoir ces symboles mystérieux, car ils remplissent toujours mon âme d'un intense désir de tranquillité ; ils sont si solennellement impressionnants, si silencieux, si immobiles...

Il y en a un particulièrement qui me tenait à cœur. Il se tenait seul, dans une digne solitude, sur un champ aride, fronçant les sourcils devant un enchevêtrement de chardons qui tordaient leurs tiges épineuses sous l'ombre de ses bras.

Je ne connais pas son histoire, ni pourquoi il veillait sur un endroit si solitaire ; il semblait avoir été là depuis la nuit des temps. Las de sa veillée inutile, il se penchait légèrement d'un côté, et au crépuscule son ombre ressemblait étrangement à l'ombre d'un homme.

*

* — *

Rien n'est plus touchant et pittoresque que les cimetières des villages : plus ils sont humbles, plus ils ravissent l'œil de l'artiste.

Souvent, ils sont placés autour de l'église du village, mais parfois ils sont assez éloignés. Je les recherche toujours, aimant me promener dans leur désolation poétique, me sentant si loin, si loin du bruit et de la hâte de notre monde turbulent.

Certes, ces petits cimetières ne sont pas entretenus et soignés comme dans les terres plus propres. Les tombes sont éparpillées parmi les herbes et les orties ; parfois les chardons poussent si épais autour des croix qu'ils les cachent à moitié à la vue. Mais au printemps, avant que l'herbe ne soit haute, j'en ai trouvé quelques-uns presque enfouis dans les jonquilles et les iris qui se déchaînaient partout. Les croix sombres contemplent toute cette richesse de couleurs comme si elles se demandaient si Dieu lui-même avait orné leurs tombes abandonnées.

Le paysan roumain est répugnant à tout effort inutile. Ce qui doit arriver arrive, ce qui doit tomber tombe. Alors, si une croix est brisée, pourquoi essayer de la relever ? — la laisser reposer ! l'herbe le couvrira, les fleurs se regrouperont à sa place.

Le matin du Vendredi Saint, je me promenais dans l'un de ces cimetières de village. À mon grand étonnement, je constatai que presque toutes les tombes étaient éclairées par un petit cierge mince, dont la flamme brûlait pâle, incapable de rivaliser avec la lumière du soleil. À côté de ces petites lumières fantomatiques se trouvaient des fragments de poterie brisés remplis de cendres fumantes, qui envoyaient de fines spirales de fumée bleue dans l'air tranquille du printemps. En ce jour de deuil les vivants viennent honorer leurs morts selon leurs coutumes, selon leur Foi.

Un spectacle vraiment étrange ! toutes ces petites flammes vacillantes parmi les tombes croulantes. Souvent je trouvai une bougie posée à un endroit où tout vestige de la tombe elle-même avait été entièrement effacé ; mais il restait là, brûlant courageusement – quelqu'un se souvenait que juste sous ce centimètre de sol, un cœur avait été enterré.

Une vieille femme que j'ai trouvée ce matin-là, immobile à côté d'un de ces cierges, si humble et si mince qu'il pouvait à peine tenir debout, mais, les bras croisés, la vieille mère le regardait, comme si elle accomplissait silencieusement quelque rite.

En m'approchant d'elle, j'ai regardé quelle était la taille de la tombe qu'elle gardait, mais je n'ai pu apercevoir aucune tombe ! Le petit cierge jaune se tenait humblement à côté d'un bouquet d'anémones. Tout ce qui était autrefois un tombeau avait depuis longtemps été foulé aux pieds.

Le drap autour de la tête de la vieille femme était blanc, blanc comme les cerisiers en fleurs qui égayaient ce petit jardin de Dieu ; blanches étaient aussi les fleurs qui poussaient à côté de l'offrande d'amour de la vieille femme.

"Qui est enterré là-bas ?" J'ai demandé.

"L'un des miens", fut sa réponse. "C'était la petite fille de ma fille ; maintenant elle est au repos."

"Pourquoi la tombe n'est-elle plus visible ?" était ma prochaine enquête.

À tous, un haussement d'épaules répondit, et les yeux sombres se tournèrent vers les miens ; une résignation complète, c'est ce que j'ai lu dans leurs profondeurs.

"A quoi sert de tenir une tombe bien rangée, si le curé du village laisse paître ses bœufs au milieu des tombes ?"

Je la regardai avec étonnement. "Un tel désordre ne pourrait-il pas être stoppé ?"

Encore un haussement d'épaules. "Qui est là pour y mettre un terme ? Il faut que le bétail ait un endroit où se nourrir !"

J'ai vu qu'elle trouvait cela tout à fait naturel, et que ce qui se trouvait sous terre pouvait vraiment être indifférent à ces sabots qui passaient, pourvu que, le Vendredi Saint, quelqu'un pense à allumer une bougie sur son cœur !

Le soir du Vendredi Saint, de longs services sont célébrés dans chaque église ou chapelle du pays.

Ces rassemblements paysans autour de leurs humbles maisons de prière sont pleins d'un charme mystique. Hommes, femmes et enfants se rassemblent, chacun portant une lumière. Ceux qui ne trouvent pas de place à l'intérieur se tiennent dehors dans une foule patiente.

Une belle photo en effet.

De chaque fenêtre de l'église, la lumière jaillit, tandis que des chants étranges s'adressent à ceux qui attendent au-delà. Devant le sanctuaire, des centaines de petites flammes vacillantes éclairent les visages de ceux qui, avec des visages extatiques, attendent les sons du service qui s'y célèbre.

La coutume veut que, les soirs du Vendredi Saint, des fleurs soient apportées par les fidèles, fleurs qui sont déposées avec révérence sur une effigie brodée du Christ crucifié qui est placée sur une table au centre de l'église.

« DE FORME QUAINTE, ILS ATTIRENT LE REGARD DE LOIN » (p. 34).

" PARFOIS ILS SONT EN PIERRE SCULPTÉ BRICOLAGE " (p. 33).

"ÉTRANGES VIEUX CROIX QUE SUR TOUS LES CHEMINS JE SUIS RENCONTRÉ" (p. 33).

"LEURS FORMES ET TAILLES SONT VARIÉES" (p. 34).

"AUCUN DES PLUS GRANDS BÂTIMENTS M'ATTIRE AUSSI
FORTEMENT QUE CES PETITES ÉGLISES DE VILLAGE" (p. 40
).

"L'AUTEL EST FERMÉ DU RESTE DU BÂTIMENT PAR UN ÉCRAN SCULPTÉ ET PEINT" (p. <u>42</u>).

Chaque croyant apporte ce qu'il peut : un brin de verdure, une branche de fleurs, une poignée de jacinthes, qui adoucissent la nuit de leur parfum, ou un simple bouquet de violettes cueillies au bord du chemin, premières chères messagères du printemps.

L'office terminé, les fidèles rentrent chez eux en longues processions, chacun ombrageant soigneusement les cierges, car il est heureux de les ramener allumés à la maison.

Il n'y a plus de lumière qui sort des fenêtres de l'église ; tout est enveloppé dans l'obscurité ; l'église elle-même se détache comme une immense masse d'ombre sur le ciel.

Mais le cimetière au-delà est un jardin de lumière ! Toutes les étoiles sont-elles tombées du ciel pour consoler ceux qui gisent sous le gazon ? ou est-ce seulement les minuscules cierges qui brûlent encore courageusement, brûlant pour les morts ?...

*

* — *

Il existe dans le pays de merveilleuses vieilles églises, des bâtiments majestueux, riches et vénérables, regorgeant de trésors soigneusement préservés du passé.

J'ai visité toutes ces églises, m'enquérant de leur histoire, admirant leurs proportions parfaites, examinant de près leurs broderies coûteuses, leurs sculptures, leurs lampes d'argent, leurs croix émaillées, leurs Bibles reliées en or.

Mais, malgré leur beauté, aucun des plus grands édifices ne m'attire autant que ces petites églises de village que j'ai dénichées dans les coins les plus reculés du pays.

Une partie du pays est particulièrement riche de ces petits bâtiments pittoresques : c'est une partie que j'aime beaucoup. Aucun chemin de fer ne profane ses vallées tranquilles, aucune amélioration moderne n'a détruit son charme simple. Ici, la main de la civilisation n'a altéré aucune beauté originelle ; aucun peintre bien intentionné n'a retouché les fresques fanées des murs anciens. Un coin de terre qui a conservé sa personnalité ; étant difficile d'accès, il est resté inchangé, préservé.

La hache n'a pas abattu ses glorieuses forêts, le spéculateur entreprenant n'a construit ni hôtels hideux, ni lieux de divertissement ; aucune publicité monstrueuse ne défigure ses vertes prairies, ses pentes fertiles.

C'est pourquoi aussi les plus petites églises ont été conservées. Ils gisent dispersés dans des endroits tout à fait improbables ; perchés au sommet de collines abruptes, cachés dans des vallées boisées, reflétant souvent leurs silhouettes pittoresques dans les rivières qui coulent à leur base.

Vus de loin, de grands sapins, plantés comme des sentinelles devant leurs porches, signalent les emplacements où ils se trouvent. Les églises derrière sont si petites que de loin on ne voit que les arbres.

Ces sapins semblaient m'appeler, me promettant de trouver des trésors cachés à leurs pieds ; ils se détachent sombrement et distinctement dans le paysage, car c'est une région où les forêts sont de hêtres et non de pins.

Souvent, j'errais des kilomètres pour les atteindre, sur des sentiers pierreux, sur des terrains boueux, à travers de petits ruisseaux turbulents et des pentes sans fin, et je ne fus jamais déçu ; les sombres sentinelles ne m'ont jamais appelé en vain. Les plus beaux petits édifices que j'ai découverts dans ces lieux lointains.

Certaines étaient toutes en bois, de couleur chaude, comme du pain brun fraîchement cuit, leurs énormes toits leur donnant l'apparence de champignons géants poussant dans une terre fertile.

Il y a généralement un beffroi au sommet, mais dans certains cas, le beffroi se dresse seul devant l'église et a pour la plupart une forme délicieusement pittoresque.

La couleur que prend le vieux bois est indescriptible. Il est toujours en harmonie avec son arrière-plan, avec son environnement ; que ce soit sur une prairie verte ou contre des pins sombres, que ce soit au printemps à moitié caché derrière des pommiers en pleine floraison, que ce soit en automne lorsque les arbres qui l'entourent sont tous dorés, roux et rouges.

Le bois est brun foncé, avec des reflets gris parfois argentés. De la mousse verte comble souvent les interstices entre les poutres, donnant à l'ensemble un aspect doux et velouté qui satisfait l'œil.

À l'intérieur, ces sanctuaires rustiques sont des copies jouets de modèles plus grands ; tout est minuscule, mais disposé de la même manière. Dans les églises orthodoxes, l'autel est isolé du reste de l'édifice par un paravent sculpté et peint qui touche presque le toit, et est généralement couronné par une énorme croix. Au bas de ces séparations se trouvent les images des saints les plus vénérés. Il y a trois petites portes dans ces paravents ; pendant une partie du service, ces portes restent fermées.

Les femmes n'ont pas le droit de pénétrer dans le Saint des Saints derrière le paravent.

J'ai parfois trouvé de belles icônes dans ces petites églises abandonnées, apportées là sans doute de plus grandes lorsque de soi-disant améliorations bannirent de leurs murs rénovés les trésors d'antan jugés aussitôt trop miteux ou trop dégradés.

Je me souviens bien qu'un soir, après avoir parcouru un chemin sans fin, j'arrivai enfin au pied des pins qui m'avaient fait signe de loin, et comment j'atteignis la porte ouverte du sanctuaire au moment même où le le soleil se couchait.

La journée avait été humide, mais cette dernière heure avant le crépuscule essayait par sa beauté de compenser les froncements de sourcils d'avant.

Les villageois, ayant deviné mes intentions, avaient envoyé un vieux paysan ouvrir l'église. Alors que je m'approchais, le son d'une cloche me parvint, sonnant son salut dans l'air du soir.

"LES TOITS SONT TOUJOURS EN BARDEAUX" (p. 44).

Les derniers rayons du soleil étaient dorés sur le bâtiment lorsque j'atteignis la porte. Comme des flammes dansantes, ils avaient pénétré à l'intérieur, répandant leur lumière glorieuse sur l'humble intérieur, entourant les effigies peintes des saints d'auréoles lumineuses.

C'était un spectacle merveilleux !

Sur le seuil se tenait un vieux paysan, tout de blanc, les mains pleines de branches de cerisier en fleurs, qu'il m'offrait en se baissant pour baiser le bas de ma robe.

À l'intérieur, les doigts aimants du vieil homme avaient allumé de nombreuses lumières, et les mêmes fleurs avaient été pieusement déposées autour de la plus sainte des icônes, celle que chaque croyant doit embrasser en entrant dans l'église.

Le soleil éclipsait les petits cierges, mais ils semblaient promettre de continuer sa gloire du mieux qu'ils pouvaient alors que le grand parent aurait dû aller se reposer.... M'asseyant dans un coin d'ombre, je laissai la merveilleuse paix des lieux pénètre mon âme, laisse le charme de cette sainte maison m'envelopper comme un voile de repos.

Le soleil avait disparu ; maintenant les petites lumières se détachaient, points de luminosité aigus sur le crépuscule envahissant.

Il était en effet difficile de m'arracher ; mais le temps, ne respectant pas les émotions humaines, passe !

Devant la porte, une énorme croix de pierre se dressait comme un fantôme, la tête perdue parmi les branches enneigées d'un arbre en pleine floraison. Cette croix était presque aussi haute que l'église....

Les formes de ces églises paysannes sont en effet variées. Lorsqu'elles ne sont pas en bois, comme celles que je viens de décrire, elles sont pour la plupart blanchies à la chaux, leur particularité principale étant les fortes colonnes qui soutiennent le porche en face. Il n'y a guère d'église roumaine sans ce porche ; cela donne du caractère à l'ensemble ; c'est la principale source de décoration. Parfois, les colonnes ont de beaux chapiteaux sculptés d'un dessin des plus rares ; parfois ce ne sont que de solides piliers, blanchis à la chaux comme le reste de l'église.

Les bâtiments qu'un artiste au cœur simple a peints de saints émaciés et vêtus de couleurs vives sont en effet pittoresques. J'ai vu les décorations les plus étranges de ce genre : des cortèges entiers de personnages archaïques aux attitudes raides illustrant des événements hors de leur vie sainte. Ensuite, les colonnes avant sont également peintes, souvent avec de très jolis motifs, ressemblant beaucoup à des motifs persans dans de vieux bleus, rouges et bruns.

Les toits sont toujours en bardeaux, avec de larges avant-toits avancés de forme très caractéristique.

J'ai vu une église au milieu d'un champ de maïs. Le toit s'était effondré, les murs étaient fissurés, s'effritaient par endroits, de grands tournesols regardaient par ses fenêtres sans panneaux, et les oiseaux construisaient leurs nids parmi les poutres de ses voûtes en ruine. C'était vraiment pitoyable d'envisager une telle désolation ; pourtant je n'avais jamais vu un spectacle plus magique.

Les murs étaient encore couverts de fresques, aux couleurs presque intactes ; le paravent, richement sculpté, présentait encore des traces de dorure ; ses nombreuses petites images de saints étaient à peine dégradées. Les piliers solides séparant une partie de l'autre étaient solides et intacts, sauf que par endroits leur revêtement de plâtre s'était effondré.

Le charme de cette ruine était tout à fait unique. Le ciel bleu au-dessus était son toit, et les saints solennels regardaient depuis les murs comme s'ils demandaient pourquoi aucune main aimable n'avait été levée pour protéger leur fragile beauté de la tempête et de la pluie.

Je ne sais pas pourquoi un tel trésor a laissé tomber en morceaux : peut-être n'a-t-on pas le temps de s'occuper de vieilles ruines dans un pays où tant de choses restent à faire ! En effet, l'église était rarement fascinante, ainsi exposée à la lumière du jour, mais il était pénible de penser que si elles n'étaient pas rapidement recouvertes, les belles fresques disparaîtraient entièrement.

Il y avait une figure de la Sainte Vierge qui a particulièrement attiré mon attention ; elle me regardait depuis son fond doré avec de grands yeux pathétiques. Sur ses genoux, l'Enfant Christ était assis, raide et droit, une main levée en signe de bénédiction ; l'enfant était minuscule, avec un visage étrangement pâle et des yeux beaucoup trop grands pour son visage.

Je ne pouvais pas m'arracher à ce lieu de prière abandonné ; encore et encore, j'en faisais le tour, absorbant dans mon âme l'image qu'il me faisait.

Je finis par le quitter, mais je me retournai plusieurs fois pour jeter un dernier coup d'œil.

Les tournesols se tenaient en grands groupes, la tête penchée vers l'église comme s'ils essayaient de regarder à l'intérieur ; un vol de colombes blanches comme neige tournait autour, leurs ailes immaculées brillaient dans la lumière. Ce fut la dernière fois que j'en vis : les murs en ruine et, flottant au-dessus d'eux, ces colombes blanches comme neige.

*

* — *

J'aurais beaucoup plus plaisir à raconter sur ces petites églises. Pour moi, le sujet est plein d'un charme sans fin ; mais il y a beaucoup de choses dont je dois encore parler, c'est pourquoi je me tourne à regret vers d'autres scènes.

Les habitants les plus solitaires de la Roumanie sont les bergers, plus seuls encore que les moines dans leurs cellules, car les moines sont rassemblés en congrégations, tandis que les bergers passent des mois entiers seuls avec leurs chiens sur les sommets désolés des montagnes.

Souvent, en me promenant à cheval sur les sommets, j'ai rencontré ces guetteurs silencieux, appuyés sur leurs bâtons, si immobiles qu'on aurait dit des figures taillées dans la pierre.

« LES FORMES DE CES ÉGLISES PAYSANNES SONT EN effet VARIÉES » (p. 44).

"LEUR CARACTÉRISTIQUE PRINCIPALE ÉTANT LES SOLIDES COLONNES QUI SOUTIENNENT LE PORCHE DEVANT" (p. 44).

47A

"MAIS AVEC CERTAINS LE BEFFROI SE TIENT TOUT SEUL"
(p. 41).

" LES COLONNES ONT DE BEAUX CHAPITRES SCULPTÉS DU DESIGN LE PLUS RARE... BLANCHIS À LA CHAUX COMME LE RESTE DE L'ÉGLISE (p. 44).

"LES BÂTIMENTS QUE QUELQUES ARTISTES AU CŒUR SIMPLE A PEINTS" (p. 44) sont en effet pittoresques.

Ils possédaient le grand ciel bleu et la vue merveilleuse sur des horizons sans limites ; à eux étaient les nuages changeants, flottant tantôt au-dessus de leurs têtes, tantôt s'élevant comme de la vapeur hors des gouffres à leurs pieds ; à eux aussi le silence et les couchers de soleil, le lever du soleil et les petites fleurs des montagnes aux teintes merveilleuses. Mais aussi la tempête, la pluie et les jours de brume impénétrable étaient à eux ; leur solitude était muette, sans voix humaine.

Ces montagnards solitaires ne font presque qu'une seule couleur avec les rochers et la terre qui les entourent.

Ils portent d'énormes manteaux, faits de peaux prises sur les moutons de leur troupeau, tombés en chemin. Ces vêtements hirsutes leur donnent une apparence sauvage qui ne ressemble à rien de ce que j'ai jamais vu ; même les petits garçons portent ces manteaux extraordinaires qui les couvrent de la tête aux pieds, les abritant de la pluie et de la tempête, et même des rayons trop ardents du soleil. Leurs seuls refuges sont des abris à moitié sous terre, dont les toits sont recouverts de gazon, de sorte que même à une courte distance, ils sont à peine visibles. Ici, en compagnie de leurs chiens, ils passent les longs mois d'été, jusqu'à ce que les gelées de l'automne les renvoient, eux et leurs troupeaux, dans les plaines.

Ces bergers sont des créatures à l'apparence féroce, presque aussi négligées que leurs chiens. La solitude semble s'être glissée dans leurs yeux, qui vous regardent sans sympathie, comme s'ils avaient perdu l'habitude de les fixer sur les visages des hommes.

Ces chiens sauvages représentent un grand danger pour le vagabond, et souvent leurs maîtres assistent aux attaques qu'ils lancent contre le malheureux intrus, sans bouger le petit doigt pour le défendre.

Il y a sans doute parfois une âme de poète parmi ces observateurs des hautes terres. Il racontera alors des histoires qui valent la peine d'être écoutées, car la nature aura été son professeur, les voix de la nature sont entrées dans son cœur.

Moins insociable est le berger qui s'occupe de son troupeau dans des pâturages plus verts. Il est moins seul ; même lorsqu'il ne vit pas avec un compagnon, il reçoit la visite des passants : son expression est moins sombre, ses yeux moins durs et les airs qu'il joue sur sa flûte ont une note plus douce.

Ici, la capote est abandonnée, mais l'attitude du « cioban » est toujours la même : qu'il soit sur les sommets nus des montagnes, ou sur les pâturages juteux près des ruisseaux aux eaux claires, ou sur les plaines brûlantes de la Dobroudja où, à des kilomètres à la ronde, aucun arbre On le voit, le « cioban » reste debout, des heures durant, les deux mains sous le menton, appuyé sur son bâton. Il ne garde aucune trace du temps ; il regarde devant lui, et lentement les heures passent au-dessus de sa tête.

Une fois, j'ai eu une curieuse impression. Je parcourais des descentes sans fin près de la mer. Rien de plus plat que le paysage qui s'étendait devant moi ; la mer était d'un calme plat, semblable à un miroir bleu pailleté ; le sable était blanc et éblouissant ; des vagues de chaleur montaient du sol, me brûlant le visage ; le monde entier semblait à bout de souffle. Moi seul, je me déplaçais sur cette immensité ; le ciel, la mer et le sable m'appartenaient.

Malgré la température suffocante, mon cheval galopait allègrement, heureux de sentir le sable mou sous ses sabots. J'ai eu la sensation de me déplacer dans le désert.

Tout à coup l'animal devint rétif ; il reniflait par ses narines dilatées, je le sentais trembler sous moi ; la sueur coulait sur tout son corps ; tout à coup, il s'arrêta net et, faisant un écart inopiné, refusa d'avancer ! On ne voyait rien d'autre qu'une série de dunes plates et courbes, avec ici et là une touffe d'herbe dure ou des gerbes de lavande de mer, courbées sous la chaleur accablante, et pourtant j'avais aussi une sensation étrange, la sensation curieuse que quelque chose respirait, comme si le sol lui-même palpitait sous nos pieds. D'une certaine manière, je partageais l'appréhension de mon cheval. Qu'est ce que ça pourrait être?

Malgré ses réticences, je le poussai en avant, en gardant fermement les rênes, alors qu'à chaque instant il essayait de se retourner.

Puis j'ai vu quelque chose d'étrange apparaître à l'horizon ; une ligne mystérieuse ondulait sur l'un des monticules, quelque chose de vivant. J'avais la sensation aiguë qu'il respirait, qu'il avait même le souffle coupé.

Tout à coup, un homme surgit de quelque part et se dressa, une tache sombre, devant la chaleur maussade du ciel. Cet homme était un berger ! Puis j'ai compris le sens de cette ligne étrangement palpitante : c'était son troupeau de moutons !

Étouffés par la température accablante, ils s'étaient massés, la tête tournée vers l'intérieur, cherchant un abri l'un contre l'autre. Ne trouvant aucun soulagement, ils haletaient leur détresse silencieuse.

Le « cioban » restait immobile, me regardant avec une indifférence stupéfaite.

Je pense que jamais auparavant et jamais depuis je n'ai ressenti une sensation plus aiguë de chaleur intolérable....

Partout où je les ai rencontrés, que ce soit dans les montagnes ou dans les plaines, dans les verts pâturages ou dans les déserts arides, ces bergers silencieux m'ont semblé la personnification même de la solitude, du mystère, des non-dits.

En raison de leurs veillées solitaires dans des étendues sauvages sans voix, ils sont sûrement revenus à une compréhension plus proche de la nature ; peut-être ont-ils découvert d'étranges secrets qu'aucun de nous ne connaît !

En automne et au début du printemps, les bergers ramènent leurs troupeaux des montagnes. On les rencontre marchant lentement le long des grandes routes – une masse silencieuse avec à leur tête un chef battu par les intempéries, l'homme et la bête couleur de poussière ; endoloris, fatigués, passifs, sachant que leur chemin n'est pas encore terminé.

50A

"CES MONTAGNES SOLITAIRES" (p. 47).

Visions fugaces de la nature sauvage, spectres revenus de solitudes dont nous ne connaissons rien. Les hommes aux visages maussades et aux yeux clairvoyants, les animaux à tête baissée, viennent vers l'un au loin, passent, s'éloignent et s'en vont... laissant derrière eux sur la route des milliers et des milliers de petites traces qui serpentent. ou la pluie s'effacera bientôt....

*

* — *

Il existe dans chaque pays un peuple errant, un peuple entouré de mystère, dont l'origine n'a jamais été clairement établie, un peuple qui, même de nos jours, est nomade, se déplace, se déplace toujours d'un endroit à l'autre. Partout où ils s'éloignent, les bohémiens sont considérés avec méfiance et suspicion ; ils sont connus pour être des voleurs ; leurs visages sombres et leurs dents éclatantes attirent et repoussent à la fois. Il y a en eux un charme sans nom, et pourtant, ils sont des extraterrestres partout où ils vont. La main de tous est contre eux ; nulle part ils ne sont les bienvenus, ils doivent toujours se déplacer sans abri, méprisés et agités, véritablement vagabonds sur la face de la terre.

Il existe pourtant en Roumanie des endroits où ces gitans se sont installés à la périphérie des villages ou des villes.

Là, au milieu d'une saleté et d'un désordre indescriptibles, ils sont entassés dans des cabanes et des pirogues délabrées, à moitié nus, entourés d'enfants qui se chamaillent et de chiens sauvages. Leurs masures sont couvertes de tout ce qui leur tombe sous la main : vieilles boîtes de conserve, planches cassées, chiffons, mottes de terre, bandes de tapis déchirées ; aucun mot ne peut rendre la misère qui les entoure, la misère abjecte dans laquelle ils pullulent.

Je n'ai jamais pu découvrir si toujours les mêmes bohémiens habitent ces lieux, ou si, au bout d'un certain temps, ils s'en vont, laissant leurs masures sans nom à d'autres vagabonds, qui s'installent pour un temps puis s'en vont, laissant la place à ceux qui viendra encore.

J'incline à penser que, dans certains cas, ces établissements sont des refuges où les hordes errantes cherchent refuge en hiver, lorsque les congères et les gelées sévères rendent les grandes routes impraticables. Pourtant, en été aussi, j'ai vu des familles ramper dans ces banlieues sordides.

Les camps de bohémiens sont infiniment plus pittoresques. Ces gens étranges planteront leurs tentes dans toutes sortes d'endroits. Sur de grands champs utilisés comme pâturages, au bord des ruisseaux, parfois sur des îles au milieu des lits des rivières, ou à la lisière des bois.

Le long de la route, ils viennent, non pas dans des fourgons couverts comme on les voit dans les pays plus dociles, mais dans des charrettes délabrées, tirées par des chevaux maigres et à moitié affamés, parfois par des mulets ou de patients ânes gris.

Sur ces charrettes, au milieu d'un fouillis indescriptible de poteaux, de tapis, de toiles de tente, de casseroles, de poêles et autres ustensiles, trouvent place des familles entières : mères et enfants, vieilles mamies et barbes grises, petits garçons et grands adolescents, sans égard aux malheureux animaux. qui succombent à moitié sous le fardeau.

Ils s'arrêtent où ils peuvent, parfois là où ils le doivent, car beaucoup d'endroits sont interdits, et personne ne désire que les coquins voleurs soient trop près de chez eux.

Pour moi, ces camps ont toujours été une source d'intérêt sans fin. Chaque fois que j'ai aperçu de loin les silhouettes de tentes bohémiennes, je n'ai jamais manqué d'y aller, et j'ai recueilli des impressions infinies parmi ces extraterrestres errants. J'ai souvent observé le déchargement des charrettes ; avec beaucoup de bruit et de luttes, les piquets des tentes sont fixés dans le sol, des haillons décolorés de toutes sortes sont étalés dessus, chaque famille érige le toit sous lequel elle abritera pour un temps son éternelle agitation.

Maintes et maintes fois j'ai erré au milieu des tentes de ces hordes de mendiants bavards et querelleurs, assaillis par des centaines de mains brunes réclamant des sous, entourés de visages sombres aux yeux brillants et aux dents blanches comme neige. Moitié grimaçants, moitié hautains, ils réclamaient de l'argent, riant et haussant les épaules, tripotant mes vêtements, glissant leurs doigts dans mes poches ; parfois j'ai presque eu la sensation d'être assailli par une bande de singes.

Quand j'étais à cheval, ils m'ont presque tiré de la selle, m'accablant d'étranges bénédictions qui ressemblaient souvent davantage à des malédictions ou à des imprécations.

Mais un souhait qu'ils pleurent après moi a toujours été accepté avec reconnaissance par mon cœur ; c'était le souhait de "Bonne chance" à mon cheval. Etant nomades, ils apprécient la valeur d'une bonne monture, et comme depuis toujours mon cheval est mon ami, une telle invocation ne pouvait me laisser de marbre ; ces jours-là, les sous que je répandais parmi eux étaient donnés d'une main plus prompte.

Les plus beaux types que j'ai découverts parmi ces gens-là ; à tous les âges, ils sont d'un pittoresque inconcevable, à tel point que parfois ils semblent s'être levés en vue d'un effet.

J'ai vu de vieilles sorcières accroupies sous leurs tentes, penchées sur des marmites fumantes, remuant de mystérieux dégâts avec des morceaux de bâtons cassés. Aucune vieille sorcière des contes de fées d'Andersen ou des « Mille et une nuits » ne pouvait être comparée à ces vieux êtres étranges drapés dans des haillons décolorés qui autrefois étaient brillants, mais qui sont maintenant aussi sordides et anciens que les vieilles créatures qu'ils ne portaient qu'à moitié.

Des bandes d'étoffe criardes étaient enroulées en forme de turban autour de leur tête, sous lesquelles pendaient des mèches de cheveux gris en désordre au-dessus de leurs yeux. On leur enfonçait généralement une pipe en terre blanche au coin de la bouche, car hommes et femmes fument ; en fait, la fumée imprègne l'atmosphère autour d'eux, les vapeurs du tabac se mêlant à l'odeur plus âcre des feux allumés dans tout le camp.

54A

"CES VÊTEMENTS SHAGGY LEUR DONNENT UNE ASPECT SAUVAGE" (p. 47).

"LEURS SEULS REFUGES SONT DES CROQUES" (p. <u>47</u>).

54C

"MÊME LES PETITS GARÇONS PORTENT CES MANTEAUX EXTRAORDINAIRES" (p. 47).

54D

"ICI, EN COMPAGNIE DE LEURS CHIENS, ILS PASSENT LES LONGS MOIS D'ÉTÉ" (p. 47).

55A

"SUR DES PÂTURAGES JUTEUX À PROXIMITÉ D'UN COURANT CLAIR" (p. 48).

" Des observateurs silencieux s'appuyant sur leurs bâtons " (p. <u>46</u>).

"Partout où je les ai rencontrés, que ce soit dans les montagnes ou dans les plaines, ... ces bergers silencieux m'ont semblé la personnification même de la solitude" (p. <u>50</u>).

Ces vieilles vieilles sont les membres respectés des tribus. Leurs jurons bruyants rappellent l'ordre aux jeunes, jettent une certaine crainte parmi les enfants turbulents et querelleurs, qui courent presque nus réclamant l'aumône, faisant des sauts d'été dans la poussière, culbutant entre les pieds. Ces coquins mettent à rude épreuve la patience, mais en même temps une source de plaisir infini pour les yeux, car certains de ces petits sauvages souriants et hurlants sont extraordinairement beaux, un avec la couleur de la terre ; de petites statues de bronze aux têtes bouclées et ébouriffées, aux grands yeux bordés d'indescriptibles cils, parfois si longs et recourbés qu'ils semblent être des plumes noires au niveau des paupières.

Parfois, une chemise déchirée les recouvre à peine, ou leurs bras ont été enfilés dans des manteaux beaucoup trop grands, dont les manches pendaient mollement sur leurs mains, leur donnant l'apparence de petits épouvantails prenant vie. Jamais ils ne sont plus enchanteurs que lorsqu'ils gambadent comme Dieu les a créés, car tous portent un collier de perles brillantes autour du cou !

Ces petites épaves couleur de terre courent des kilomètres à côté de votre carrosse ou de votre cheval, mendiant des pièces de monnaie avec les paumes étendues, gémissant encore et encore la même plainte.

Les plus belles de toutes sont les jeunes filles : droites, bien développées, avec des hanches étroites et des mains et des pieds délicats. Quel que soit le chiffon qu'ils enfilent autour de leurs membres gracieux, il se transforme en un vêtement convenable. Ils se pareront de toutes les parures abandonnées qu'ils pourraient récupérer en passant. Parfois, de précieuses broderies anciennes finissent leurs jours sur les corps de ces jolies créatures, rehaussant leur charme, leur donnant des airs de reines mendiantes. Des ceintures brillantes enroulées autour des hanches et de la taille maintiennent tous ces haillons en place, donnant à celui qui les porte l'aspect des Égyptiens tels que ceux que l'on voit peints sur les fresques des murs des temples.

Sous les foulards criards qu'ils nouent sur leur tête, des tresses de cheveux pendent des deux côtés de leur visage, tresses ornées de toutes sortes de pièces de monnaie, de petits éclats de verre ou de métal colorés, ou de charmes aux formes étranges ou de médailles sacrées qui tintent lorsqu'ils se déplacent. Autour de leur cou pendent de longs colliers de perles criardes qui brillent et scintillent sur leur peau teintée de bronze.

Ces jeunes filles font preuve de peu de modestie. Ce sont des mendiants bruyants et francs, sans vergogne, assez indifférents si leurs chemises déchirées laissent le cou et la poitrine à moitié nus aux rayons du soleil.

Avec des dents blanches et éclatantes, ils vous souriront, les bras sur les hanches, la tête rejetée en arrière, une pipe blanche impudemment plantée au coin de la bouche.

D'une grâce indescriptible, ces filles reviennent au camp le soir, portant sur la tête de grandes marmites à eau en bois. Au loin, ils avancent, debout, d'un pas oscillant, tandis que l'eau leur éclabousse les joues à grosses gouttes. Le soleil couchant derrière eux leur donne l'apparence d'ombres venues de très loin du désert où les sentiers n'ont ni début ni fin....

Les hommes ne sont pas moins pittoresques que les femmes ; ils sont couverts de haillons crasseux et sont pour la plupart pieds nus. Mais j'ai rencontré des tribus moins sordides, où les hommes portaient des bottes hautes, des pantalons amples et des chemises à manches larges. Ceux-ci appartenaient à des clans plus prospères, les hommes particulièrement beaux, avec de longs cheveux bouclés tombant de chaque côté du visage. Des créatures maléfiques sans aucun doute, mais néanmoins étrangement belles.

La plupart des gitans sont bricoleurs de profession, et d'instinct ils sont des voleurs. Laissant leurs femmes entretenir les tentes, les hommes se dirigeront vers les villages, là-bas pour rafistoler casseroles et poêles ; souvent on les rencontre plusieurs à la file portant sur le dos des vases de cuivre brillant. Ils vous sourient et n'oublient jamais de vous tendre la main.

D'autres ont étudié les habitudes, les mœurs et les mœurs des bohémiens ; Je ne les ai regardés qu'avec un œil d'artiste, et en cela ils sont une source inépuisable de joie.

L'agitation et le bruit lorsqu'un camp se disperse sont inconcevables. Les piquets des tentes sont arrachés du sol, les misérables chevaux qui cherchaient une maigre nourriture dans l'herbe desséchée du bord du chemin sont attrapés par les enfants hurlants, qui ont un travail facile, car les malheureux sont entravés et ne peuvent pas s'échapper. Avec résignation, ils se laissent attacher aux charrettes, les piquets de tente, les tapis, les casseroles et les poêles sont à nouveau transférés du sol aux véhicules qui les transporteront vers un autre endroit, et ainsi de suite... sans fin....

Les vieilles vieillards sont entassés sous tous ces bagages, et avec eux les enfants trop petits pour marcher, les vieillards faibles, les invalides et ceux qui ont trop mal aux pieds pour marcher sur le chemin fatigué.

Une image délicieuse ai-je perçu une fois. Sur le dos d'un âne patient, de nombreux piquets de tente avaient été attachés ; Comment une si petite bête a-t-elle pu les transporter reste un mystère. Entre ces poteaux étaient attachés plusieurs petits bébés nus, leurs yeux noirs me fixant sous des tignasses de boucles ébouriffées et négligées.

L'âne se déplaçait de place en place, broutant, les lourdes perches se balançaient, l'une ou l'autre touchant le sol, soulevant de petits nuages de poussière comme de la fumée.

Aucune inquiétude ne se lisait sur les visages des bébés ; ce mode de transport était sans doute habituel. Ils ressemblaient à de petits singes bruns ramenés de climats plus chauds.

" SUR LES PLAINES BRÛLÉES DE LA DOBRUDJA OÙ À DES MILLIERS AUTOUR AUCUN ARBRE N'EST VOIR " (p. 48).

"ÉTOUFFÉS PAR LA TEMPÉRATURE ÉCRAPPANTE, ILS S'ÉTAIT MASSÉS ENSEMBLE" (p. 50).

J'ai souvent rencontré de vieux couples errant ensemble, hommes et femmes courbés par l'âge, las, poussiéreux, couverts de haillons, la pipe à la bouche ; de misérables vagabonds, mais toujours parfaitement pittoresques. Sans doute allaient-ils bricoler dans certains villages, car les hommes portaient sur le dos les inévitables marmites de cuivre, tandis que les vieilles sorcières avaient de lourds sacs en bandoulière, un gros bâton à la main. Sur les côtés de leurs carreaux couleur terre, des tresses de cheveux gris pendaient mollement et se balançaient au fur et à mesure qu'ils avançaient. C'était pour moi comme si je les avais souvent rencontrés auparavant ; Il me semblait reconnaître leurs yeux, leur regard las, jusqu'à la coquille, signe de diseuse de bonne aventure, que les femmes portaient pendue à une ficelle à leur ceinture ; mais ils n'étaient sans doute que des échantillons des nombreux vagabonds parmi ce peuple qui, sans abri et souffrant de douleurs aux pieds, errent sans cesse sur la terre.

*

* _ *

Un art avant tous les autres appartient aux gitans. Ils sont nés musiciens, et le violon est leur instrument ; même le plus petit garçon pourra le faire chanter. Certains sont musiciens de profession. Par groupes de trois ou quatre, ils erreront de village en village, toujours là où il faut de la musique, jouant patiemment et inlassablement pendant des heures et des heures, sous le soleil ou sous la pluie, la nuit ou le jour, lors des mariages, des enterrements ou des jours de fête.

Lorsqu'ils forment des groupes, ces ménestrels errants ont d'autres instruments que les violons. Des luths aux formes étranges, bien connus dans la littérature roumaine sous le nom de « cobsa », et une flûte composée de plusieurs anches, la flûte classique utilisée autrefois par le vieux père Pan.

Ce sont pour la plupart de vieux vagabonds couleur de bronze, aux yeux mélancoliques et au dos courbé, qui ont l'habitude de grimacer et dont les mains maigres et brunes sont habituées à mendier. Délaissant leurs haillons pittoresques, ces ménestrels errants ont adopté de vieux vêtements hideux dont d'autres se sont débarrassés. Ils sont infiniment plus mesquins dans cet accoutrement ; ils ont perdu ce charme indéfini qui les entoure généralement ; ce ne sont que des vieillards tristes, vêtus de vilaines haillons, et qui ne sont plus un plaisir pour les yeux. Ils sont néanmoins les bienvenus, car leur musique est à la fois douce et mélancolique, stridente et étrange ; il y a un étrange désir dans chaque note, et plus les airs deviennent gais, plus on est enclin à pleurer !

Un cri de nostalgie inexplicable réside dans chacune de leurs mélodies : est-ce un souvenir de terres lointaines qui leur appartenaient autrefois et qu'ils n'ont jamais vues ? Ou n'est-ce qu'une expression de l'éternelle nostalgie qui les pousse sans cesse d'un endroit à l'autre ?

Un soir d'été, j'ai rencontré un jeune bohémien qui venait vers moi de la poussière de la route. Assis, les jambes nues pendantes sur le dos d'un âne, son violon sous le menton, malgré tout, il jouait... jouant avec le ciel au-dessus, avec les étoiles qui sortaient une à une, regardant vers le bas avec pâle merveille de ce vagabond solitaire à qui appartenait tout le chemin... Jouant parce que c'était sa nature de jouer... jouant avec son cœur qui ne s'était pas encore éveillé... jouant avec son âme qu'il ne pouvait pas comprendre.

*

* —— *

Dans les villes, les bohémiens sont utilisés comme maçons. On les retrouve en groupes partout où l'on construit une maison, hommes, femmes et enfants apportant avec eux leur désordre sans nom et leur crasse pittoresque.

Le soir, le travail étant fait, ils prépareront leur souper, lorsque, assis autour de la marmite fumante, leurs haillons multicolores rayonnent sous les rayons du soleil couchant.

Souvent, un âne galeux est attaché non loin, et dans un panier, au milieu d'un mélange de pots métalliques de toutes tailles et formes, repose un bébé endormi enveloppé dans un tissu déchiré.

L'âne porte patiemment son fardeau, chassant les mouches avec sa maigre queue.

Au mois des lys, de belles bohémiennes déambuleront dans les rues, portant des vases en bois remplis de fleurs blanches comme neige, la pureté des lys contrastant étrangement avec leurs visages bronzés. En longues grappes parfumées, ils vendent ces fleurs aux passants. A chaque coin de rue, on les rencontre, soit accroupies dans des attitudes pittoresques sur le trottoir, soit debout sous l'angle ombragé d'un toit, de belles créatures aux visages sombres éclatant volontiers en sourires qui font briller leurs yeux noirs et leurs dents blanches.

Des personnages pleins d'orgueil inconscient, des visages qu'il faut regarder et toujours revoir... car ils contiennent tout le mystère des nombreux chemins que leurs pas ont laissés derrière eux !

*

* —— *

C'est la saison des récoltes qui montre la Roumanie dans toute sa splendeur, cette saison où le travail de l'homme trouve sa récompense, où, la terre ayant donné le meilleur d'elle-même, l'homme, la femme et l'enfant partent pour recueillir les richesses qui font de ce pays une terre fertile. pays ce que c'est.

Parfois, en effet, c'est une heure de déception, car la pluie, la grêle ou la sécheresse annulent souvent le travail fatigant de l'homme. Parfois la terre n'a pas répondu à ses espérances les plus chères, n'a pas pu produire ses fruits.

"MÈRES ET ENFANTS, ET VIEUX MAMANS" (p. 53).

62B

"PETITES STATUES EN BRONZE À TÊTES BOUCLÉES ET ÉCOUPÉES" (p. 55).

"Parfois, une chemise déchirée les recouvre à peine" (p. <u>55</u>).

63A

« LES PLUS BELLES DE TOUTES SONT LES JEUNES FILLES »
(p. 55).

63C

"INCONCEVABLEMENT PITTORESQUE" (p. 54).

63B

" CE SONT LES MEMBRES RESPECTÉS DES TRIBUS " (p. 54).

63D

"J'AI SOUVENT RENCONTRÉ DE VIEUX COUPLES ERRANT ENSEMBLE" (p. 58).

J'ai connu des années où, pendant des mois, aucune goutte de pluie ne tombait, où, comme les anciens, nous regardions le ciel avec l'espoir ardent que le nuage gros comme la main d'un homme s'étendrait et éclaterait dans le ciel. une douche si cruellement nécessaire, mais le nuage est passé et n'a pas donné la pluie qu'il promettait ; années où tout ce qui avait été confié au sein de la terre se desséchait et se desséchait parce que d'avril à septembre aucune goutte n'était tombée, de sorte qu'un grand nombre de misérables troupeaux mouraient faute de pâturages pour paître.

Des mois terribles d'anxiété tendue, d'attente désespérée qui semblait tarir le sang dans les veines, comme la terre était desséchée par le manque de pluie.

Les rivières n'avaient plus d'eau ; le pays d'abondance devient un pays de soupirs, la poussière recouvrant toutes choses comme d'un linceul d'échec...

Mais grandes sont les années d'abondance, où les efforts de l'homme portent leurs fruits.

Dans des océans d'or mûr, le maïs gît sous l'immense face du soleil, fier de son abondance, un glorieux espoir réalisé !

Et, de cette vaste plaine de fertilité, c'est la main de l'homme qui récolte les épis mûrs, qui lie les gerbes, qui rassemble le grain. Je dois sans cesse m'émerveiller devant la patience du travail de l'homme, m'émerveiller devant son extraordinaire conquête de la terre.

En groupes, les paysans travaillent du petit matin au coucher du soleil, sans être affectés par la chaleur pulsée qui leur frappe la tête. Les chemises de neige des hommes contrastent avec les tabliers colorés des femmes qui tachent la plaine fauve de taches vives de bleu, de rouge ou d'orange, car à l'époque des récoltes personne ne reste inactif : les très vieux et les invalides sont seuls à garder le champ. maison.

D'heure en heure, ils travaillent sans cesse, jusqu'à ce que midi les rassemble autour de leurs charrettes pour un repas frugal de polenta et d'oignons. Des images de travail, d'effort sain, de contenu simple ! Combien de fois les ai-je contemplés avec émotion, réalisant combien ce pays était devenu cher à mon cœur.

Des chiens vigilants gardent les charrettes et celles des enfants trop petits pour travailler ; à l'ombre de ces véhicules, les ouvriers se reposent une petite heure, à côté de leurs bœufs gris qui ruminent tranquillement, leurs énormes cornes renvoyant les rayons du soleil. Paresseusement, ils agitent leur queue d'un côté à l'autre, repoussant les mouches trop occupées qui se rassemblent sur leurs flancs maigres et autour de leurs grands yeux rêveurs. En tournant lentement la tête, ils suivent les mouvements de leurs maîtres, bien conscients que leur propre effort doit être repris à l'heure du coucher du soleil, lorsque les ouvriers rentrent chez eux.

Ce n'est que dans les domaines riches que l'on utilise des machines, et surtout pour battre le blé ; presque toute la découpe est réalisée à la main. De petits rassemblements d'ouvriers occupés se pressent autour du monstre de fer, dont la voix bourdonnante s'entend de loin et qui soulève toujours le tas de blé jusqu'à ce qu'il se dresse, une pyramide d'or brunie, sous le grand ciel bleu.

Au coucher du soleil, les paysans rentrent chez eux, la faux sur l'épaule, marchant à côté de leurs charrettes entassées de paille jaune vif. Le long de la route, ils rampent, ces charrettes, dans un brouillard de poussière. Les soirs où le vent est calme, la poussière reste suspendue dans l'air, couvrant le monde d'une gaze argentée, enveloppant le jour mourant d'une brume de mystère qui flotte sur les hommes et les bêtes, effaçant l'horizon, atténuant toutes les couleurs, adoucissant chaque contour. .

Souvent, le soleil couchant enflamme cette brume ; alors l'atmosphère devient étrangement lumineuse, comme si un immense feu brûlait quelque part derrière des vapeurs de fumée. Cette heure est indescriptible ; pleine de beauté, pleine de paix, pleine de la satisfaction infinie du travail fidèlement accompli, l'heure où tous les pieds sont tournés vers la maison, tournés vers le repos.

En file interminable, les charrettes se succèdent, tirées par ces bœufs gris-blancs aux cornes merveilleuses ; le long de la route ils avancent comme dans un rêve, qui passe lentement dans un nuage de poussière et s'en va ; ... mais la poussière reste suspendue comme un voile tiré sur une vision qui n'est plus....

La récolte du maïs arrive plus tard dans l'année, beaucoup plus tard ; parfois, en octobre, les paysans cueillent encore les fruits mûrs. Les jours sont courts, et le soir l'humidité monte de la vaste plaine et plane comme une fumée sous le ciel rougeoyant. Une mélancolie indescriptible flotte sur le monde, la mélancolie des choses prend fin. Un grand effort semble accompli, et maintenant l'année n'a plus qu'à s'endormir lentement... Pourtant, rien n'est plus glorieux que l'automne roumain ; La nature désire se parer d'un dernier manteau de beauté avant de s'avouer vaincue par l'avancée de la saison hivernale.

Le ciel devient intensément bleu ; tout ce qui lui résiste semble acquérir une valeur nouvelle. Les arbres s'habillent de couleurs merveilleuses, tantôt dorées, tantôt rousses, tantôt rouge flamboyant. Parmi les plants de maïs à hauteur d'homme, des tournesols géants penchent la tête, alourdis par le poids des centres semés ; telles des étoiles prodigieuses, leurs pétales de safran brillent sur la voûte d'azur.

J'ai vu des champs entiers de ces plantes géantes, véritables armées de fleurs en forme de soleil, jaunes triomphalement sous les rayons de la grande lumière qu'elles imitent si courageusement. Mais il me semble souvent qu'ils détournent honteusement le visage, tristement conscients qu'ils ne sont qu'une triste imitation de celui dont ils portent le nom. L'huile est fabriquée à partir des graines de ces fleurs ; c'est pourquoi les paysans les cultivent en si grand nombre.

Souvent, à l'ombre de ces plantes géantes, j'ai vu des paysans assis en cercle autour de tas de maïs, séparant les fruits des feuilles. Dans des pyramides naines d'oranger, les épis mûrs sont éparpillés dans les champs flétris, leur couleur glorieuse attirant le regard de loin ; souvent les foulards des femmes sont de la même teinte.

66A

"UN CHAMP DÉNUDÉ OÙ LES SOLDATS EXERCIENT"

J'aime ces touches de couleurs flamboyantes parmi les immensités arides des champs moissonnés — amoureusement l'œil de l'artiste s'attarde à les regarder, ne s'en détourne qu'à contrecœur.

Un joli spectacle est aussi celui des réunions paysannes, soit dans les grandes granges, soit dans les cours, pour dégainer le grain de maïs de son épi. Ce sont des occasions de grandes réjouissances, où la jeunesse se rassemble, où les rires et le travail se mêlent joyeusement, où de longues histoires se racontent et où des chansons d'amour sont chantées. Les vieilles femmes sont assises autour de filer ou de tisser, leurs têtes hochant la tête ensemble au milieu de délicieux potins, un oeil sur les jeunes et les jeunes filles, qui, vêtus de leurs plus beaux habits, avec une fleur flamboyante collée derrière l'oreille, se reluquent, plaisantent, s'embrassent et est heureux.

Le vieux Lautar, ou ménestrel errant, n'est jamais absent de ces réunions. De quelque part, il arrive sûrement en boitant, miteux, de mauvaise réputation, sordide avec son violon ou sa « cobsa » sous le bras ; mais sa musique est merveilleuse, faisant rire, danser ou pleurer tous les cœurs.

*

* __ *

J'aurais envie d'évoquer trop d'images, trop de visions s'élèvent devant mon cerveau - le temps et le talent me manquent - tant je dois me détourner à contrecœur et laisser ces gens simples à leur travail et à leurs jeux, à leurs joies et à leurs peines, à leurs espoirs et à leurs désirs. leurs peurs. Je les laisse dans leurs maisons paisibles, sous un voile de poussière.

LA FIN